3

रचनात्मक व्याकरण

सुरेश पंत
शिक्षाविद्, भाषा शास्त्री
पूर्व प्राचार्य, दिल्ली प्रशासन

हिमानी जोशी
हिंदी शिक्षिका
पाथवेज़ वर्ल्ड स्कूल, नौएडा (उ.प्र.)

PEARSON
Longman
पियर्सन एजुकेशन का प्रकाशन

This book is printed on ECF card and ECF environment-friendly paper manufactured from unconventional and other raw materials sourced from sustainable and identified sources.

ISBN 978–81–317–3431–5

10 9 7 8 7 6 5 4 3 2

प्रकाशक: डॉर्लिंग किंडरस्ले (इंडिया) प्रा. लि., पियर्सन एजुकेशन के दक्षिण एशिया में लाइसेंसी

मुख्य कार्यालय: 7वीं मंजिल, नोलिज बुल्वार्ड, ए-8(ए), सैक्टर 62, नोएडा, इंडिया
पंजीकृत कार्यालय: 11 कम्युनिटि सेंटर, पंचशील पार्क, नई दिल्ली-110017, इंडिया

चित्रांकन: रेनू शर्मा, हेनू, राजकुमार घोष, टाइपफेस, प्रॉम्प्ट ग्राफिक्स

टाइपसैटिंग: प्रॉम्प्ट ग्राफिक्स

मुद्रक : मैजिक ईन्टरनेशनल प्रा. लि. ग्रेटर नोएडा (उ.प्र)

भूमिका

किसी भी भाषा को सीखते हुए और उसकी बनावट को समझते हुए सहज ही हमारे मन में 'क्यों' और 'कैसे' के प्रश्न उठते हैं। यही जिज्ञासा व्याकरण जानने का आधार और प्रेरणा भी है।

हिंदी भाषा आज साहित्य के चौखट से निकलकर ज्ञानार्जन की अनेक दिशाओं और कार्यक्षेत्रों में प्रयुक्त होने लगी है। भूमंडलीकरण के इस दौर में रोज़ाना खुलते जा रहे ज्ञान-विज्ञान के नए-नए आयामों तथा भाषा-प्रयोग के नए-नए क्षेत्रों की ज़रूरतों को पूरा करने का उत्तरदायित्व भी हिंदी पर है। हिंदी के प्रति न केवल हिंदी भाषी क्षेत्रों में, वरन् देश के अन्य क्षेत्रों तथा विदेशों में भी रुचि बढ़ी है, जो शुभ संकेत है। ऐसी स्थिति में परंपरागत व्याकरण नियमों और सिद्धांतों से बोझिल होने के कारण जीवंत भाषा की बनावट को समझा नहीं पाता। इसके विपरीत शैक्षिक व्याकरण प्रकार्यात्मक, प्रयोगात्मक और व्यावहारिक होने के कारण भाषा की संरचनाओं को समझने में सहायक होता है।

रचनात्मक व्याकरण की पुस्तक शृंखला में व्याकरण को आनंददायक अनुभवों और स्वयंशिक्षण से जोड़ा गया है। इसमें भाषिक नियमों को रटने की अपेक्षा उनके अनुप्रयोग को समझने, स्वयं नियम-निष्पादन कर सकने और **नई मौलिक रचनाएँ कर सकने की क्षमता के विकास पर बल दिया गया है**। विद्यार्थियों की आयु और कक्षा-स्तर को ध्यान में रखते हुए सामग्री का स्तरीकरण किया गया है और उसे सहज और सुगम बनाने के लिए मनोवैज्ञानिक और रोचक प्रविधियों का सहारा लिया गया है। व्याकरण की सार्थकता नियमों की जानकारी में नहीं, भाषिक व्यवहार-परिवर्तन पर आधारित होती है। इसीलिए इन पुस्तकों में व्याकरण को अन्य शैक्षिक विषयों की भाँति 'सिद्धांतों-नियमों' की कोरी जानकारी के रूप में नहीं, बल्कि हिंदी भाषा की 'बुनावट' को समझने और भाषिक कौशलों को सीखने-सिखाने के उपकरण के रूप में प्रस्तुत किया गया है।

रचना शिक्षण इन पुस्तकों का एकदम नया और सबसे मौलिक तथा उपयोगी पहलू है। मौखिक और लिखित रचना के विविध रूपों से परिचित कराते हुए रचना करने की दक्षताएँ प्राप्त करने के उपकरण जुटाए गए हैं जो अंततः विद्यार्थियों को हिंदी भाषा में अपने विचारों और अपनी भावनाओं को विविध रूपों में अभिव्यक्त करने का सामर्थ्य दे सकेंगे।

हमें विश्वास है कि व्याकरण की ये पुस्तकें शिक्षकों और छात्रों के लिए समान रूप से उपयोगी होंगी। एक बात और। पुस्तकों में जो गतिविधियाँ सुझाई गई हैं, वे केवल नमूना-भर हैं। मननशील और प्रयोगधर्मी शिक्षक अपने अनुभव और मौलिक सोच के आधार पर नई-नई गतिविधियों के द्वारा व्याकरण शिक्षण को आनंददायक अनुभव में बदल सकते हैं।

—लेखक

इस पुस्तक श्रृंखला में...

भाषाई कुशलता का अर्थ है—विभिन्न संदर्भों में भाषा का प्रभावी प्रयोग करना। भाषा सीखने-सिखाने की प्रक्रिया में यह ज़रूरी है कि बच्चों में सुनने, बोलने, पढ़ने, लिखने की दक्षताओं का विकास किया जाए। जिससे वे भाषा के मौखिक और लिखित रूपों में अपनी बात कह/लिख सकें। इन सभी का समेकित रूप है—संप्रेषण की दक्षता। इसलिए **रचनात्मक व्याकरण** पुस्तक श्रृंखला में सभी भाषिक कौशलों का समावेश किया गया है।

सुनना

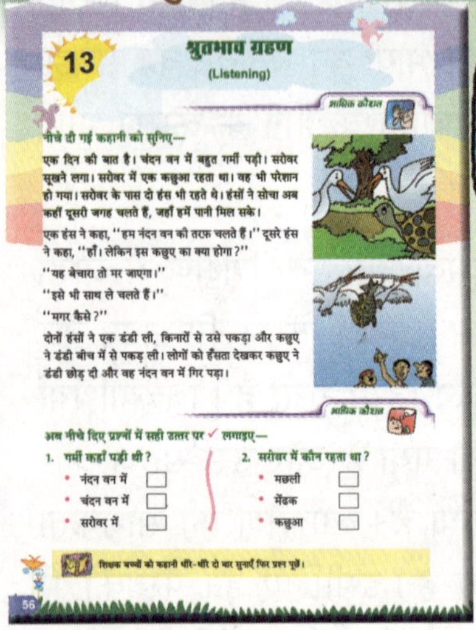

शुद्ध उच्चारण, श्रुतभाव ग्रहण के लिए कहानी, कविता, वर्णन का उपयोग

बातचीत करना, चित्र वर्णन, परिचय देना और कहानी सुनाने से मौखिक अभिव्यक्ति

बोलना

पढ़ना

शब्द, वाक्य, अनुच्छेद, कहानी, कविता, वर्णन को पढ़ना और समझना

शब्द-निर्माण, वाक्य, अनुच्छेद, पत्र, कहानी, कविता और संवाद लिखना

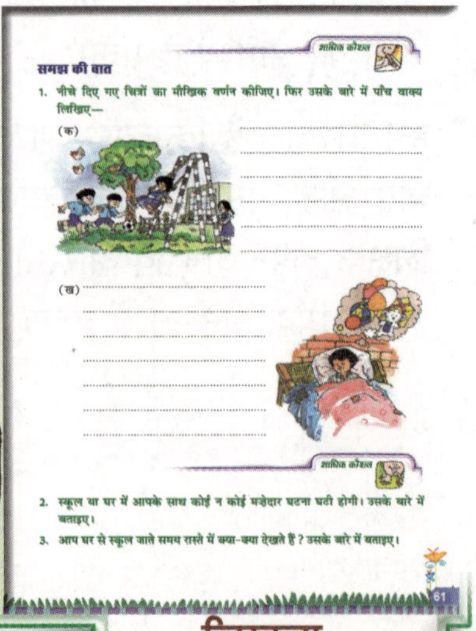

लिखना

सोचना

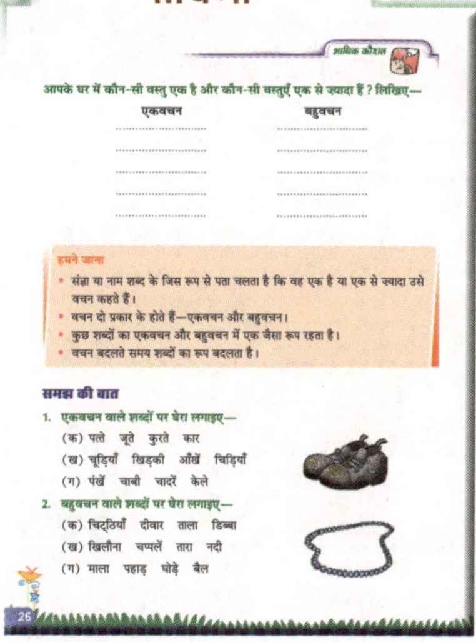

कल्पना करना, घटनाओं और चित्रों की रचनात्मक मौखिक तथा लिखित अभिव्यक्ति

भाषा-प्रयोग की कुशलता के विकास के लिए एकल और सामूहिक भाषिक गतिविधियाँ

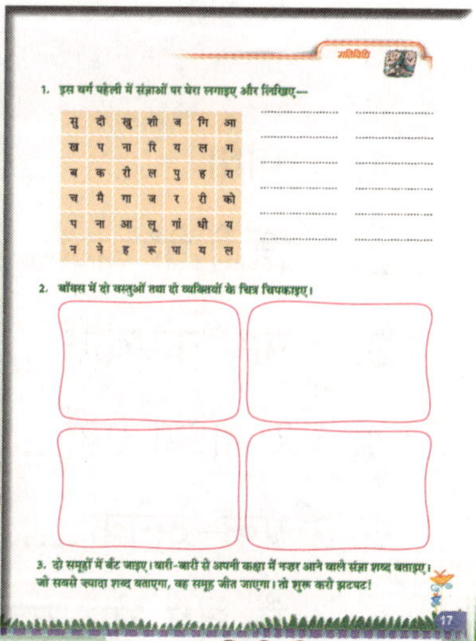

गतिविधि

अनुप्रयुक्त व्याकरण में शब्द प्रयोग की समझ के लिए व्याकरण शब्दावली

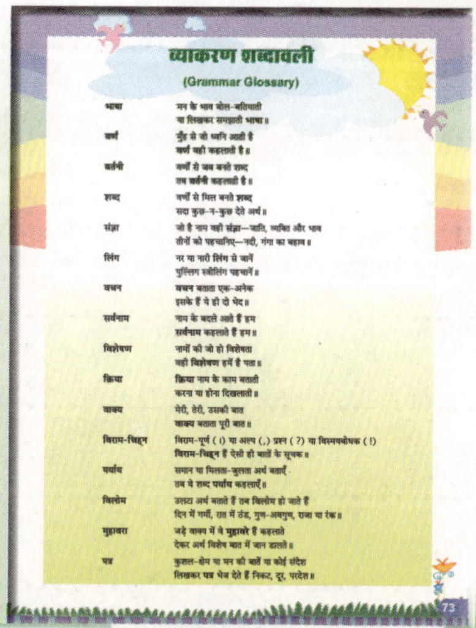

व्याकरण शब्दावली

वर्कशीट

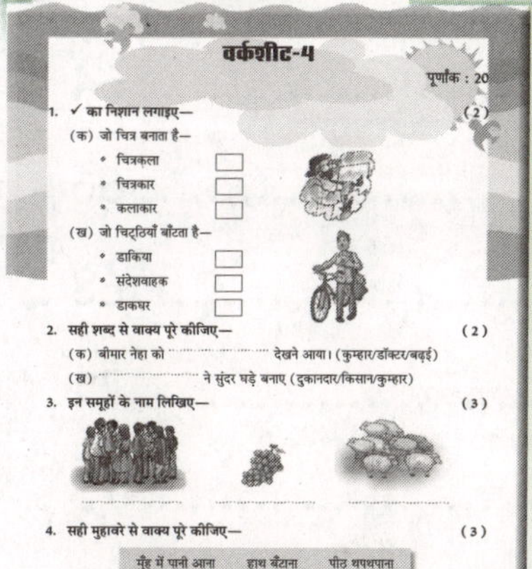

भाषिक कुशलता और समझ की जाँच के लिए प्रयोगपरक अभ्यास और वर्कशीट

खेल-खेल में भाषा सीखने के लिए आनंददायक और रोचक खेल (कक्षा 1 से 5 तक)

व्याकरण खेल

क्या—कहाँ

1. भाषा 1
2. हिंदी के अक्षर पहचानें 4
3. नाम की बातें 13
4. राजा या रानी 18
5. एक-अनेक 23
6. मैं, तुम और वह 29
7. ऐसा हूँ मैं, वैसे हैं आप 32
8. क्या किया, क्या हुआ 36
9. कैसे-कैसे शब्द 40
10. मुहावरे 50
11. गिनती 53
12. विराम-चिह्न 54
13. श्रुतभाव ग्रहण 56
14. वर्णन करना (मौखिक और लिखित) 59
15. बातचीत/वार्तालाप 62
16. संदेश/सूचना देना 64
17. परिचय लेना-देना 66
18. पत्र-लेखन 68
19. कहानी-लेखन 71

व्याकरण शब्दावली 73

खेलो मज़े-मज़े में 74

वर्कशीट 1-4

भाषा

(Language)

1

भाषिक कौशल

चित्र में क्या दिखाई दे रहा है ? बताइए—

दादी कहानी सुना रही है। माँ फ़ोन पर बात कर रही हैं। टी.वी. से आवाज़ें आ रही हैं। खिड़की के बाहर कौवा काँव-काँव कर रहा है। उसे देख कुत्ता भौंक रहा है। ये दोनों कुछ-न-कुछ कह रहे हैं, लेकिन अपनी भाषा में। ठीक वैसे ही जैसे हम लोग आपस में बातें करते हैं, अपनी भाषा में। दो छोटे बच्चे आपस में क्या बात करते होंगे ? शायद यह कि—

— कल मुझे चोट लग गई थी।
— मैं कल बाज़ार गया था।

भाषा के द्‌वारा हम अपनी बात दूसरे व्यक्ति तक पहुँचाते हैं। सभी प्राणियों की अपनी भाषा होती है। जब हम बात करते हैं तो एक बोलता है और दूसरा सुनता है। यह भाषा का **मौखिक** रूप है।

बच्चों से चित्र में बताए गए विभिन्न कार्यों के बारे में बातचीत कीजिए और भाषा के मौखिक और लिखित रूप की जानकारी दीजिए।

लेकिन जब सुनने वाला हमारे सामने न हो तो? तब हम अखबार, पत्र, ई-मेल आदि के द्वारा लिखकर अपनी बात दूसरे तक पहुँचाते हैं। दूसरा व्यक्ति इन्हें पढ़कर हमारी बात समझता है।

यह भाषा का लिखा हुआ रूप है, जिसे **लिखित** भाषा कहेंगे।

हमने जाना

- सभी प्राणियों की (मनुष्य, पशु, पक्षी आदि की) अपनी भाषा होती है।
- भाषा के दो रूप होते हैं—मौखिक और लिखित।
- सुनना और बोलना भाषा का मौखिक रूप है।
- पढ़ना और लिखना भाषा का लिखित रूप है।

भाषिक कौशल

समझ की बात

मौखिक भाषा के लिए लाल रंग और लिखित भाषा के लिए हरा रंग बॉक्स में भरिए—

भाषा के मौखिक और लिखित रूप में शामिल होने वाली दो-दो वस्तुओं के चित्र बनाकर रंग भरिए या चित्र काटकर चिपकाइए—

मौखिक भाषा

लिखित भाषा

2 हिंदी के अक्षर पहचानें

(Alphabet)

भाषिक कौशल

इस चित्र में आपको क्या-क्या दिखाई दे रहा है ? लिखिए—

....

....

अब देखिए और समझिए—

- **अनार** शब्द बना है—अ + ना + र
- **आम** शब्द बना है—आ + म
- **केला** शब्द बना है—के + ला

के के और भी टुकड़े हो सकते हैं—**क्** + **अ** + **ए**, लेकिन **क्** और **ए** के और टुकड़े नहीं हो सकते। **क्**, **अ**, **म्**, **ल्**, **आ**, **ए** आदि सबसे छोटी ध्वनियाँ हैं। ध्वनियों का बोला और लिखा रूप **वर्ण** कहलाता है। वर्णों के समूह को **वर्णमाला** कहते हैं। हर भाषा की अपनी वर्णमाला होती है।

हिंदी के वर्ण (Alphabet)

वर्णमाला पढ़िए—

स्वर और मात्रा

अ आ इ ई उ ऊ ऋ ए ऐ ओ औ

ा ि ी ु ू ृ े ै ो ौ

व्यंजन

क ख ग घ ङ

च छ ज झ ञ

ट ठ ड ढ ण ड़ ढ़

त थ द ध न

प फ ब भ म

य र ल व

श ष स ह

क्ष त्र ज्ञ श्र

संयुक्त व्यंजन

क्ष	=	क् + ष	क्षमा	क्षत्रिय	कक्षा
त्र	=	त् + र	पत्र	त्रिशूल	त्रिभुज
ज्ञ	=	ज् + ञ	ज्ञान	यज्ञ	ज्ञानी
श्र	=	श् + र	श्रम	श्री	श्रीमान

ध्यान दीजिए कि **संयुक्त व्यंजन** दो व्यंजनों के मिलने से बनते हैं।

नीचे दिए गए चित्र को ध्यान से देखिए और वस्तुओं के नाम बताइए—

चित्र में दिखाई देने वाली वस्तुओं के नाम लिखिए—

....

....

गतिविधि

अब चित्र देखकर कोई कहानी बनाइए और सुनाइए।

• चित्र पर बच्चों से बातचीत करें। • कक्षा को दो समूहों में बाँटें। बारी-बारी से चित्र में दिखाई देने वाली वस्तुओं के नाम बताने के लिए कहें। • शब्दों को बोर्ड पर लिखवाएँ। • आप कहानी शुरू करें और बारी-बारी से कहानी को आगे बढ़वाएँ। • इससे मौखिक भाषा दृढ़ हो जाएगी।

संयुक्ताक्षर (Conjuncts)

यह मज़ेदार कविता पढ़िए—

एक था चूहा एक थी बिल्ली,
पत्ते पर बैठी थी इल्ली।
थी तीनों में अच्छी दोस्ती,
खेलें संग-संग डंडा-गिल्ली।

इल्ली ने जब फेंकी गिल्ली,
आई बीच में बड़ी-सी मक्खी।
पटाक्-धड़ाम की आवाज़-सी आई,
खाकर चक्कर गिर गई मक्खी।

रंगीन शब्द जानिए—

- बिल्ली, इल्ली और गिल्ली शब्दों में ल्ल संयुक्ताक्षर है। (ल्ल = ल् + ल)
- पत्ते शब्द में त्त संयुक्ताक्षर है। (त्त = त् + त)
- अच्छी शब्द में च्छ संयुक्ताक्षर है। (च्छ = च् + छ)
- दोस्ती शब्द में स्त संयुक्ताक्षर है। (स्त = स् + स्त)
- मक्खी शब्द में क्ख संयुक्ताक्षर है। (क्ख = क् + ख)
- चक्कर शब्द में क्क संयुक्ताक्षर है। (क्क = क् + क)

संयुक्ताक्षर में पहला व्यंजन स्वर के बिना या आधा आता है। दूसरा व्यंजन पूरा आता है।

उदाहरणों की सहायता से संयुक्ताक्षर बनाने के सभी तरीके बच्चों को समझाएँ। ध्यान रहे कि बच्चे इन सभी संयुक्ताक्षर वाले शब्दों का मौखिक प्रयोग करते हैं।

भाषिक कौशल

बिंदु ं और चंद्रबिंदु ँ

चित्र में आए नामों को बोलिए—

भाषिक कौशल

इन शब्दों को पढ़िए—

(क)	बंदर	मंदिर	घंटा	पंख	शंख	अंगूर
(ख)	गाँव	चाँद	बूँदें	साँप	पाँव	पूँछ

नीचे दिए गए वाक्यों को पढ़िए—

(क) सरोवर में **हंस** तैर रहा था।

(ख) हंस को देखकर मैं **हँस** पड़ी।

(ग) यह हमारा **आँगन** है।

(घ) आँगन में **अंगूर** की बेल है

गतिविधि

ऊपर दिए गाँव के चित्र के बारे में दो वाक्य बनाकर सुनाइए।

बच्चों से चित्र पर बातचीत करें और बिंदु ं, चंद्रबिंदु ँ वाले शब्दों का उच्चारण ध्यान से करवाएँ। पहले स्वयं सही उच्चारण करें फिर बच्चों से करवाएँ।

हमने जाना

- सबसे छोटी ध्वनि (आवाज़) को वर्ण कहते हैं।
- वर्णों के समूह को वर्णमाला कहते हैं।
- हर भाषा की अपनी वर्णमाला होती है।
- संयुक्त व्यंजन दो व्यंजनों के मिलने से बनते हैं।
- संयुक्ताक्षर, बिंदु और चंद्रबिंदु वाले शब्द अलग तरीके से बोले और लिखे जाते हैं।

समझ की बात

1. वर्णमाला के क्रम में जो नाम पहले आएगा उसके सामने 1 और जो बाद में आएगा उसके सामने 2 लिखिए—

 ..2..
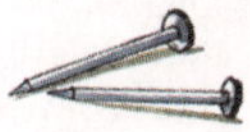 ......
 ......
 ......

 ......
 ......
 ......
 ......

 ......
 ......
 ......
 ......

 ......
 ......
 ......
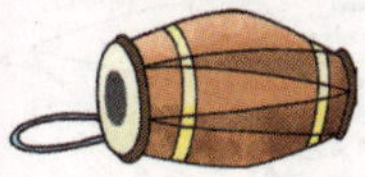 ......

2. सही मात्रा लगाकर शब्द बनाइए—

....ततल....

ट....प....

क....व....

ग....ड़य....

....त्रशल

3. (क) किस चित्र में च की आवाज़ है? ✓ लगाइए—

(ख) किस चित्र में ई की आवाज़ है? ✓ लगाइए—

4. संयुक्त व्यंजनों से बने शब्द पर घेरा लगाइए—

(क) कक्षा	मक्खी	पेंसिल
(ख) कतरन	चित्र	पत्ता
(ग) शर्म	श्रम	शक्ति

5. संयुक्ताक्षर वाले शब्द पूरे कीजिए—

चि⋯⋯ठी

र⋯⋯सी

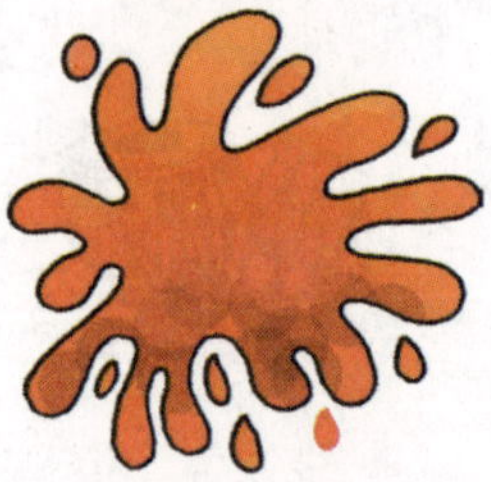

ध⋯⋯बा

च⋯⋯मच

उ⋯⋯लू

6. नीचे दिए गए चित्रों के नाम बिंदु ं या चंद्रबिंदु ँ लगाकर लिखिए—

  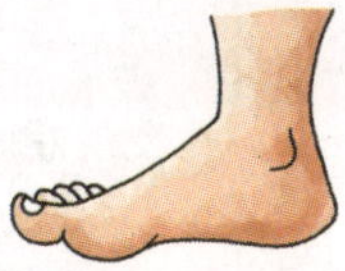  

....

गतिविधि

1. चित्र और शब्द जोड़कर नए शब्द बनाइए—

 + गाड़ी = ...

चित्र +  = ...

चिड़िया +  = ...

 + आलय = ...

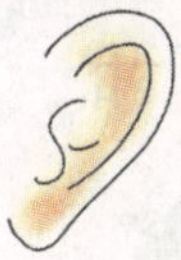 + पुर = ...

 + गाड़ी = ...

 + मुखी = ...

 + झड़ी = ...

2. वर्णों को जोड़कर शब्द बनाइए। सबसे ज़्यादा शब्द बनाने वाला विजयी!

क	म	ट	की	कि
ला	ल	न	गि	र
खी	ना	ब	री	सा

.....कम..... ....

....

3. शब्द-सीढ़ी पूरी कीजिए—

म र

ग

ब न

इ म

टो री

म ली

ल की

नाम की बातें

(Noun)

3

भाषिक कौशल

कविता पढ़ो—

खेल रही थी नन्हीं **चीनू**,
साथ में उसके बैठी **मीनू**।
तभी झपटती **बिल्ली** आई,
डर से वे दोनों घबराईं।
वे चीखीं **गोलू** आ जाओ,
इस **संकट** से हमें बचाओ।
सुनकर दौड़ा आया **कुत्ता**,
तनिक नहीं घबराया कुत्ता।
उसे देखकर भागी बिल्ली,
बोली मुझको जाना **दिल्ली**।

कैसी लगी कविता ? कविता में कई **नाम** आए हैं, जैसे—चीनू, मीनू, कुत्ता, गोलू, दिल्ली, बिल्ली, संकट आदि।

- चीनू और मीनू **लड़कियों** के नाम हैं।
- बिल्ली और कुत्ता **प्राणियों** के नाम हैं।
- दिल्ली एक **शहर** का नाम है।
- संकट एक **भाव** का नाम है।

सभी नामों को **संज्ञा** कहते हैं।

कविता को लय के साथ गाकर सुनाइए। बच्चों को संज्ञा के अन्य उदाहरण भी दीजिए।

आइए, नामों के बारे में थोड़ा और जान लें—

व्यक्तियों के नाम

महात्मा गांधी

जवाहरलाल नेहरू

रीना

जगहों के नाम

कुतुब मीनार

लालकिला

विद्यालय

प्राणियों के नाम

आदमी

हाथी

घोड़ा

वस्तुओं के नाम

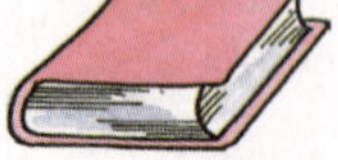
किताब

जग

कुर्सी

भावों के नाम

खुशी

क्रोध

प्यार

कुछ नाम ऐसे हैं जो किसी विशेष व्यक्ति के बारे में नहीं बताते बल्कि किसी जाति या वर्ग के बारे में बताते हैं, जैसे—औरत, सैनिक, डॉक्टर, कुत्ता आदि।

हमने देखा किसी भी व्यक्ति, वस्तु, स्थान, प्राणी और भाव के नाम होते हैं। इन सभी नामों को संज्ञा कहते हैं।

भाषिक कौशल

नीलम के घर का चित्र देखिए—

(क) उसके घर में क्या-क्या है? लिखिए—

....

....

....

....

(ख) आपको नीलम का घर कैसा लगा? इसके बारे में बताते हुए अपनी/अपने मित्र को पत्र लिखिए।

प्रिय ....

कल मैं नीलम के घर गई थी। मैंने वहाँ ....

....

....

....

तुम्हारी ....

हमने जाना

किसी भी व्यक्ति, वस्तु, स्थान, प्राणी, या भाव के नाम को संज्ञा कहते हैं, जैसे—मोहन, ताला, खुशी आदि।

समझ की बात

1. नाम के भीतर नाम पहचानिए—

हथेली

अँगूठा

....

....

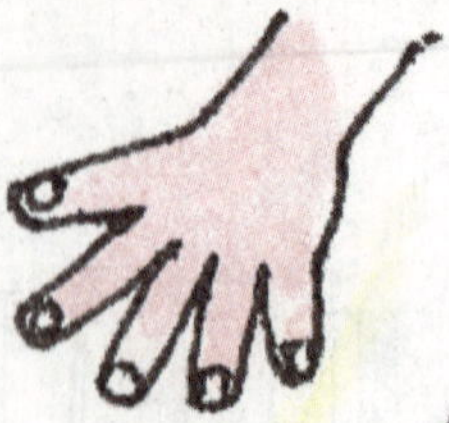

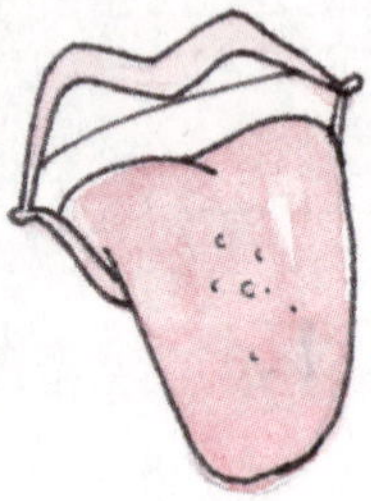

मुँह

....

....

....

2. संज्ञा शब्दों से वाक्य पूरे कीजिए—

.... उड़ रही है।

रवि .... पढ़ रहा है।

.... फूल पर बैठी है।

लड़की .... फुला रही है।

.... पर बर्फ़ जमी है।

.... फ़ोन पर बात कर रही है।

3. जो शब्द संज्ञा नहीं है, उस पर घेरा लगाइए—

(क) हँसो	हंस	अदरक	सेब
(ख) लौकी	दौड़ना	दीवार	बेलन
(ग) दूध	लड़की	पीना	मोमबत्ती
(घ) उमेश	निकट	उमा	राधा

1. इस वर्ग पहेली में संज्ञाओं पर घेरा लगाइए और लिखिए—

सु	दी	खु	शी	ज	गि	आ
ख	प	ना	रि	य	ल	ग
ब	क	री	ल	पु	ह	रा
च	मै	गा	ज	र	री	को
प	ना	आ	लू	गां	धी	य
न	ने	ह	रू	पा	य	ल

2. बॉक्स में दो वस्तुओं तथा दो व्यक्तियों के चित्र चिपकाइए—

3. दो समूहों में बँट जाइए। बारी-बारी से अपनी कक्षा में नज़र आने वाले संज्ञा शब्द बताइए। जो सबसे ज़्यादा शब्द बताएगा, वह समूह जीत जाएगा। तो शुरू करो झटपट!

4 राजा या रानी

(Gender)

ऊपर दिए गए चित्र में आपको क्या-क्या दिखाई दे रहा है ? बताइए—

चित्र में लड़की, गाय, मोरनी, अन्य महिलाएँ स्त्री जाति के नाम हैं। आदमी, लड़का, मोर, कुत्ता, दुकानवाला संज्ञाएँ पुरुष जाति के नाम हैं। संज्ञा स्त्री है या पुरुष, इसकी पहचान **लिंग** से होती है। लिंग का अर्थ है पहचान।

लिंग दो प्रकार के होते हैं—**स्त्रीलिंग** (स्त्री जाति) और **पुल्लिंग** (पुरुष जाति)।

बच्चों के साथ चित्र पर बातचीत कीजिए और स्त्रीलिंग और पुल्लिग नाम बताइए। दुकानदार और आदमी के बीच, लड़की और लड़के के बीच क्या बातचीत हुई होगी ? संवाद बुलवाइए।

स्त्रीलिंग

औरत

गाय

रानी

पुल्लिंग

आदमी

बैल

राजा

जो वस्तुएँ सजीव नहीं हैं, उनके स्त्रीलिंग–पुल्लिंग होने का पता वाक्य से चलता है, जैसे–

किताब **खुली है**।

सूरज चमक **रहा है**।

गमले में फूल **खिला है**।

चप्पल **रखी है**।

मेंढक **टर्राता है**।

लड़की खाना **खा रही है**।

माँ बच्चे को **सुला रही है**।

यहाँ किताब, चप्पल, माँ, लड़की स्त्रीलिंग हैं और सूरज, फूल, मेंढक पुल्लिंग हैं।

आइए, अब कुछ और शब्दों के लिंग जानें—

स्त्रीलिंग	पुल्लिंग
माता	पिता
बहन	भाई
मोरनी	मोर
हथिनी	हाथी
शेरनी	शेर
चुहिया	चूहा
बकरी	बकरा
धोबिन	धोबी
पुत्री	पुत्र
शिक्षिका	शिक्षक

स्त्रीलिंग	पुल्लिंग
लड़की	लड़का
ऊँटनी	ऊँट
चाची	चाचा
डिबिया	डिब्बा
दादी	दादा
नानी	नाना
मालिन	माली
बुढ़िया	बूढ़ा
टोकरी	टोकरा
सेठानी	सेठ

भाषिक कौशल

चित्र देखकर एक ऐसी मज़ेदार कहानी बनाइए जिसमें खिलौने भी बातें करें—

दुकान   जूते   खिलौने   केक   किताबें   थैला

मैं एक दिन अकेले ही बाज़ार ....

....

....

....

....

बच्चों को कहानी बनाने में मदद कीजिए।

हमने जाना

- लिंग से संज्ञा के स्त्री या पुरुष जाति के होने की पहचान होती है।
- लिंग दो होते हैं—स्त्रीलिंग और पुल्लिग।
- कुछ वस्तुओं का लिंग वाक्य से पता चलता है, जैसे—बादल आया, वर्षा आई।

भाषिक कौशल

समझ की बात

1. स्त्रीलिंग शब्द पर ✓ का निशान लगाइए—

(क) घोड़ा

(ख) शिक्षिका

(ग) दादा

2. पुल्लिग शब्द पर ✓ का निशान लगाइए—

(क) मोरनी

(ख) मोर

(ग) ऊँटनी

3. ये संज्ञाएँ स्त्रीलिंग हैं या पुल्लिग ? ✓ का निशान लगाइए—

(क)	धोबी	स्त्रीलिंग/पुल्लिग	(घ)	कटोरी	स्त्रीलिंग/पुल्लिग
(ख)	किला	स्त्रीलिंग/पुल्लिग	(ङ)	चादर	स्त्रीलिंग/पुल्लिग
(ग)	कविता	स्त्रीलिंग/पुल्लिग	(च)	चाँद	स्त्रीलिंग/पुल्लिग

4. सही स्त्रीलिंग रूप पर ✓ लगाइए—

(क) चूहा
- चूही
- चुहिया
- चूहिया

(ख) डिब्बा
- डिबिया
- डीब्बा
- डिब्बी

5. **शब्दों के लिंग बदलकर लिखिए—**

(क) चाचा ....

(ख) शेर ....

(ग) .... शिक्षिका

(घ) माली ....

(ङ) सेठ ....

(च) बहन ....

गतिविधि

बताइए, ये स्त्रीलिंग हैं या पुल्लिंग? रेखा खींचकर मिलाइए—

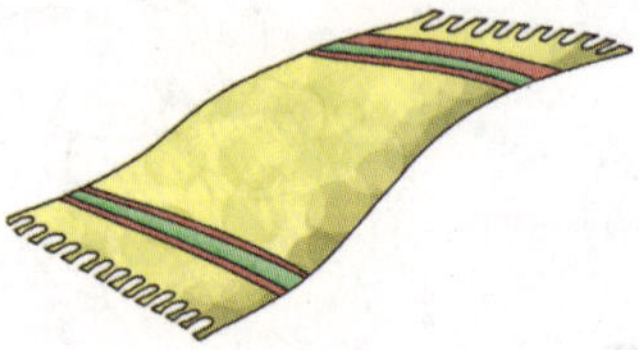

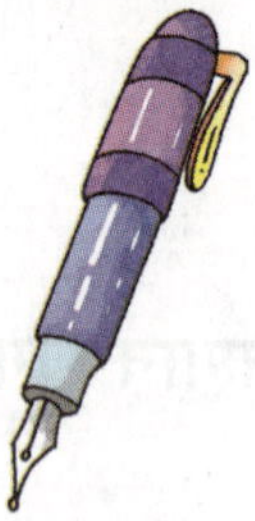

स्त्रीलिंग

पुल्लिंग

एक-अनेक

(Number)

5

भाषिक कौशल

चित्र में क्या-क्या दिखाई देता है, बोलिए—

भाषिक कौशल

लिखिए इनमें से कौन-सी वस्तु एक है और कौन-सी एक से ज़्यादा—

चिड़िया, पेड़, खरगोश, गुब्बारा, फूल, बैट, लड़का, बेंच, किताब, बॉल, बादल

एक	एक से ज़्यादा (अनेक)
....	....
....	....
....	....
....	....

बच्चों को वचन के अन्य उदाहरण कक्षा में से ही दीजिए। कक्षा में लड़के और लड़कियों को गिनवाकर वचन समझाइए।

शब्द के जिस रूप से पता चलता है कि वह एक है या एक से अधिक, उसे **वचन** कहते हैं। वचन दो प्रकार के होते हैं—**एकवचन** और **बहुवचन**।

भाषिक कौशल

एक कविता हमने दी है। उन्हीं नामों से एक कविता आप बनाइए—

हमारी कविता	**आपकी कविता**
एक लड़की अनेक लड़कियाँ	फर-फर-फर उड़ती हैं ....
एक तितली अनेक तितलियाँ	रंग-बिरंगी फिरें ....
एक चिड़िया अनेक चिड़ियाँ	इधर लगा चलने फव्वारा
गुब्बारा एक	और उधर उड़ता ....
बॉल है एक	सूरज ....
पेड़ एक, फूल हैं अनेक!	पेड़ है एक ....

एकवचन—एक वस्तु

झूला

लड़की

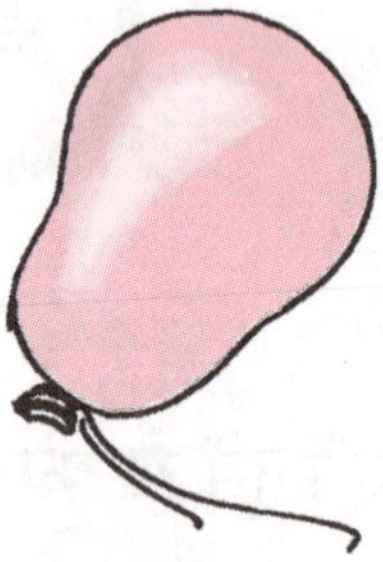
गुब्बारा

बहुवचन—एक से ज्यादा (अनेक)

झूले

लड़कियाँ

गुब्बारे

ध्यान दें कि वचन बदलते समय कई बार शब्दों का रूप बदलता है, जैसे—

थैला (एकवचन)—**थैले** (बहुवचन)

किताब (एकवचन)—**किताबें** (बहुवचन)

लेकिन कई बार एकवचन और बहुवचन के शब्दों का रूप एक जैसा ही रहता है। केवल वाक्य से उनके वचन का पता चलता है। जैसे—

फूल **खिल गया**।   फूल **खिल गए**।   आम **रखा है**।   आम **रखे हैं**।

कुछ और एकवचन और बहुवचन शब्द जानिए—

एकवचन	बहुवचन	एकवचन	बहुवचन	एकवचन	बहुवचन
केला	केले	किताब	किताबें	रोटी	रोटियाँ
बस्ता	बस्ते	जुराब	जुराबें	दवाई	दवाइयाँ
जूता	जूते	मेज़	मेज़ें	मक्खी	मक्खियाँ
लड़का	लड़के	चादर	चादरें	बिल्ली	बिल्लियाँ
बच्चा	बच्चे	रात	रातें	कहानी	कहानियाँ
पंखा	पंखे	माला	मालाएँ	लड़की	लड़कियाँ
घोड़ा	घोड़े	महिला	महिलाएँ	चुहिया	चुहियाँ
तोता	तोते	नदी	नदियाँ	चिड़िया	चिड़ियाँ

आपके घर में कौन-सी वस्तु एक है और कौन-सी वस्तुएँ एक से ज़्यादा हैं ? लिखिए—

एकवचन	बहुवचन
....	....
....	....
....	....
....	....
....	....

हमने जाना

- संज्ञा या नाम शब्द के जिस रूप से पता चलता है कि वह एक है या एक से ज़्यादा उसे वचन कहते हैं।
- वचन दो प्रकार के होते हैं—एकवचन और बहुवचन।
- कुछ शब्दों का एकवचन और बहुवचन में एक जैसा रूप रहता है।
- वचन बदलते समय शब्दों का रूप बदलता है।

समझ की बात

1. **एकवचन वाले शब्दों पर घेरा लगाइए—**

(क) पत्ते जूते कुरते कार

(ख) चूड़ियाँ खिड़की आँखें चिड़ियाँ

(ग) पंखे चाबी चादरें केले

2. **बहुवचन वाले शब्दों पर घेरा लगाइए—**

(क) चिट्ठियाँ दीवार ताला डिब्बा

(ख) खिलौना चप्पलें तारा नदी

(ग) माला घड़ी घोड़े गमला

3. दिए गए शब्दों के वचन बदलकर लिखिए—

(क) माला — .... (घ) .... — चिट्ठियाँ

(ख) तारा — .... (ङ) .... — पेंसिलें

(ग) प्याला — .... (च) .... — नदियाँ

4. दिए गए शब्दों से वाक्य बनाइए—

(क) पतंग — ....

(ख) दाने — ....

(ग) पत्तियाँ — ....

(घ) टोपी — ....

(ङ) चुहिया — ....

5. एकवचन और बहुवचन शब्दों के दो-दो उदाहरण दीजिए—

एकवचन — ....

बहुवचन — ....

गतिविधि

1. रेखा खींचकर बताइए कि आप किसे एकवचन में शामिल करेंगे और किन्हें बहुवचन में ?

2. वचन के अनुसार अपनी पसंद के चित्र बनाइए और रंग भरिए। साथ ही उनके नाम और संख्या भी लिखिए—

एकवचन

बहुवचन

3. कक्षा को दो या अधिक दलों में बाँट लीजिए। एक दल कोई शब्द कहेगा और दूसरा दल तुरंत उसका बहुवचन बताएगा। सही उत्तर पर पूरे अंक। गलत या देर से बताने पर कोई अंक नहीं मिलेगा। दूसरा दल इसी प्रकार शब्द बोलेगा और पहला दल बहुवचन शब्द बताएगा।

मैं, तुम और वह

(Pronoun)

6

मीरा, सलोनी, भाई संज्ञा शब्द हैं। बार-बार इनका नाम लेने के स्थान पर कुछ अन्य शब्दों का प्रयोग हुआ है, जैसे—

मीरा के लिए—तुम्हें, मैं, तुम्हारा, अपने

मीरा और सलोनी दोनों के लिए—हमारे, हमारा

भाई के लिए—वह

मेरा और भाई दोनों के लिए—हम

दोस्तों के लिए—वे

मैं, तुम, हमारा, तुम्हारा, वह, हम आदि शब्द नाम वाले शब्द यानी संज्ञा (नाम) शब्दों की जगह पर आए हैं। ये **सर्वनाम** कहलाते हैं।

कुछ और सर्वनाम शब्द इस प्रकार हैं—

मैंने, मुझे, मेरी, मेरे	तुम, तुम्हारा, तुम्हें
हम, हमें, हमारा	उसने, उन्होंने, उसके, उनके
आप, आपने, आपको	यह, वह, ये, वे

सर्वनाम शब्द छाँटकर उनके नीचे रेखा खींचिए—

कल मैं अपने चाचा के घर गई। मैंने घंटी बजाई। चाचा जी ने दरवाज़ा खोला। मुझे देखकर वे खुश हो गए। उन्होंने पूछा, "तुम कैसी हो? तुम्हारी पढ़ाई कैसी चल रही है?" मैंने कहा, "मैं ठीक हूँ। मेरी पढ़ाई भी ठीक चल रही है।" चाची जी ने कहा, "मैंने तुम्हारे लिए खीर बनाई है।" मेरे मुँह में पानी आ गया। इतने में मेरा भाई रोहित भी आ गया। हम सबने मिलकर खीर खाई।

हमने जाना

- संज्ञा की जगह आने वाले शब्दों को सर्वनाम कहते हैं।
- सर्वनाम का रूप एकवचन और बहुवचन में बदल जाता है।

समझ की बात

1. **नीचे दिए गए शब्दों के समूहों में सर्वनाम शब्द पर घेरा लगाइए—**

(क) नदी	बादल	मैं	रमा
(ख) तुम्हें	जाना	करना	हाँ
(ग) भाई	आपका	सूरज	नहीं

2. **सर्वनाम का प्रयोग करते हुए वाक्य बनाइए—**

उदाहरण—

बच्चे खेल रहे हैं।

वे खेल रहे हैं।

मोहिता नाच रही है।

....

रवि के सिर पर पट्टी बँधी है।

....

नंदिनी सो रही है।

....

3. सही सर्वनाम शब्द से वाक्य पूरे कीजिए—

(क) .... घर जाना है। (मैं/मुझे)

(ख) .... क्या नाम है? (तुम/आपका)

(ग) .... सारी बात समझ गया हूँ। (हम/मैं)

(घ) एक खिलौना .... भी चाहिए। (मेरे को/मुझे)

(ङ) .... पास एक भी पेंसिल नहीं थी। (उनके/उनसे)

गतिविधि

सही सर्वनाम शब्द भरिए और कहानी को आगे बढ़ाइए—

हमें वे मैं तुम उन्होंने उन्हें

दो कौवे थे। .... बहुत प्यासे थे। .... इधर-उधर देखा। मगर .... पानी नज़र नहीं आया। पहले कौवे ने कहा, ".............. तो पानी की तलाश में जा रहा हूँ। क्या .... चलोगे?" दूसरे ने कहा, "हाँ, ... पानी की तलाश में जाना चाहिए।

....

....

बच्चों को उचित सर्वनामों के साथ कहानी पूरी करने में मदद कीजिए।

7 ऐसा हूँ मैं, वैसे हैं आप

(Adjective)

भाषिक कौशल

पढ़िए, तितली कैसे दोस्त चाहती है—

बताइए, कौन कैसा है?

टमाटर	—	गोल	लाल	....
आम	—	पका	पीला	....
तितली	—	रंग-बिरंगी	छोटी	....
संतरा	—	गोल	नारंगी	....
अनार	—	गोल	लाल	....

टमाटर, आम, तितली, संतरा, अनार के सामने वाले शब्द उनके बारे में बता रहे हैं।

जो शब्द नाम के या संज्ञा के बारे में बताते हैं उन्हें **विशेषण** कहते हैं। गोल, लाल, नारंगी, खट्टा, मीठा, रसदार शब्द विशेषण हैं।

भाषिक कौशल

बताइए, ये कैसे हैं ? चित्र देखकर सही विशेषण शब्द छाँटकर लिखिए—

फूल .... हैं। पतंग .... है। आदमी .... है।

तोता .... रंग का है। नींबू .... है। पहाड़ .... है।

खट्टा	रंग-बिरंगी	बूढ़ा	सुंदर	हरे	ऊँचा

विशेषण किसी संज्ञा का रंग, रूप, स्वाद, आकार आदि बताते हैं। फूल सुंदर हैं। इस वाक्य में 'सुंदर' शब्द विशेषण है। फूलों की विशेषता बताई जा रही है। इसलिए फूल **विशेष्य** है।

हमने जाना

- जो शब्द संज्ञा के बारे में बताते हैं उन्हें विशेषण कहते हैं।
- विशेषण संज्ञा के रंग, रूप, स्वाद, आकार आदि के बारे में बताते हैं।

भाषिक कौशल

समझ की बात

1. **विशेषण शब्द पर घेरा लगाइए—**

(क) फूल	तितली	सुंदर	नदी
(ख) बच्चा	छोटा	लड़का	पेड़
(ग) चीनी	मीठी	शरबत	चाय
(घ) घर	बड़ा	कमरा	बगीचा

2. सही विशेषण छाँटकर लिखिए—

(क) .... पानी

(ख) .... दूध

(ग) .... औरत

(घ) .... आइसक्रीम

(ङ) .... संतरा

बूढ़ी
ठंडी
खट्टा
सफ़ेद
गर्म

भाषिक कौशल

3. इनके लिए दो-दो विशेषण लिखिए—

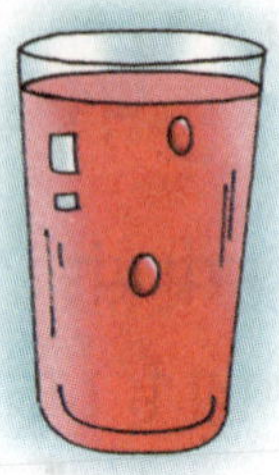

....

....

....

....

4. वाक्य के सामने दिए गए विशेषण के सही रूप से खाली स्थान भरिए—

(क) किले की दीवार .... थी। (ऊँचा/ऊँची/ऊँचे)

(ख) खीर .... है। (मीठी/मीठा/मीठे)

(ग) जामुन .... हैं। (काला/काली/काले)

(घ) संदीप ने .... कमीज़ पहनी। (नया/नई/नए)

(ङ) शुभ की अंगुलियाँ .... हैं। (पतली/पतला/पतले)

गतिविधि

1. श्याम गाँव से शहर आया और कहीं खो गया। उसके बारे में एक रेडियो घोषणा बनाइए—

पतला, ... लड़का। चेहरा ....,
कद .... है। उसकी उम्र .... है।
.... टी-शर्ट और .... पेंट पहने घर से
निकला था। पैरों में .... और सिर पर ....
....................।

2. दस वस्तुओं के चित्रों को अलग-अलग कार्ड्स पर चिपका लीजिए, जैसे—मछली, फल, बर्गर, किताब, कोई अभिनेता, पेंसिल आदि। दो समूहों में बँट जाइए। बारी-बारी से समूह का एक-एक सदस्य आए और एक चित्र कार्ड के लिए अधिक-से-अधिक विशेषण बताए। ज़्यादा विशेषण बताने वाला समूह विजयी होगा।

8 क्या किया, क्या हुआ

(Verb)

भाषिक कौशल

चित्र में देखकर बताइए क्या-क्या हो रहा है—

बारिश हुई। बारिश में मोर नाचे और बच्चे नहाए। मोहित ने कागज़ की नाव बनाई और पानी में तैराई। आदमी ने छतरी खोली। कपड़े भीग गए। माँ ने उन्हें उतारा।

यहाँ बारिश का **होना** (हुई), मोरों का **नाचना** (नाचा), बच्चों का **नहाना** (नहाए), मोहित का नाव **बनाना** (बनाई), नाव को पानी में **तैराना** (तैराना) आदि—किसी काम का करना या होना बता रहे हैं। इन्हें क्रिया कहते हैं।

अब इन्हें भी देखिए—

सोना

पढ़ना

खाना

बच्चों के साथ चित्र पर बातचीत कीजिए और प्रत्येक बच्चे को बोलने का मौका दीजिए। कक्षा में तरह-तरह के उदाहरण देकर क्रिया समझाइए।

चढ़ना

दौड़ना

नहाना

ये भी क्रियाएँ हैं, जिनमें अलग-अलग तरह का काम हो रहा है—लिखना, पढ़ना, खाना, चढ़ना, दौड़ना, नहाना। जो शब्द किसी काम के करने या होने के बारे में बताएँ उन्हें **क्रिया** कहते हैं।

गतिविधि

चित्रों में क्या-क्या हो रहा है, लिखिए—

बच्चा ....

फ़ोन ....

चाचा जी ....

पानी ....

बस ....

चिड़िया ....

....

....

हमने जाना

जो शब्द किसी काम के करने या होने के बारे में बताएँ उन्हें क्रिया कहते हैं।

भाषिक कौशल

समझ की बात

1. क्रिया शब्दों पर घेरा लगाइए—

(क) बारिश	नाचना	बगीचा	बाहर
(ख) पानी	बस	झटपट	पकड़ना
(ग) तेज़	धीमा	हँसना	अंदर

2. ये बंदर क्या-क्या कर रहे हैं ? क्रिया शब्द लिखिए—

....

....

....

....

भाषिक कौशल

3. क्रिया के सही रूप से वाक्य पूरे कीजिए—

(क) कक्षा में सारे बच्चे शांत .... थे। (बैठना)

(ख) संगीता ने गीत .... । (गाना)

(ग) अमित ने कहानी .... । (सुनाना)

(घ) बच्चों ने पतंग .... । (उड़ना)

(ङ) दादी हलवा .... रही है। (बनाना)

4. नीचे दिए गए क्रिया शब्दों से वाक्य बनाइए—

(क) पूछना ....

(ख) खोलना ....

(ग) डरना ....

(घ) हँसना ....

(ङ) नाचना ....

1. चित्र देखकर कहानी पूरी कीजिए—

एक दिन एक शेर ………………………………।

एक चूहा उसके ऊपर ………………………………।

शेर ने चूहे ………………………………।

चूहे ने ………………………………।

शेर ने ………………………………।

कुछ दिन बाद शेर जाल में ………………………………।

चूहे ने ………………………………।

सारे चूहों ………………………………

………………………………।

2. दस पर्चियाँ बनाइए जिस पर कुछ काम वाले शब्द (क्रिया) लिखे होंगे। दो समूहों में बँट जाइए। पहले समूह में से एक सदस्य आएगा और एक पर्ची उठाएगा। उस पर्ची पर लिखी क्रिया का अभिनय करेगा। दूसरे समूह को यह बताना है कि वह कौन-सी क्रिया है।

9 कैसे-कैसे शब्द

(Vocabulary)

भाषिक कौशल

पर्यायवाची शब्द (Synonyms)

हम एक बात को कहने के लिए दो अलग-अलग शब्दों का प्रयोग करते हैं। सूरज कहो या सूर्य—दोनों का अर्थ एक है। इसी तरह उजाला और रोशनी शब्दों का अर्थ भी एक ही है। दीपक और दीए का भी एक जैसा अर्थ है। इन समान अर्थ वाले शब्दों को **पर्यायवाची** या समानार्थी शब्द कहते हैं।

कुछ पर्यायवाची शब्द इस तरह हैं—

सूर्य, सूरज, रवि

पेड़, वृक्ष, तरु

फूल, पुष्प, सुमन

हाथी, गज, हस्ती

औरत, महिला, स्त्री

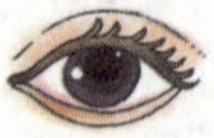
आँख, नेत्र, नयन

चाँद, चंद्रमा, शशि

रात, रात्रि, निशा

बारिश, वर्षा, बरसात

विद्यालय, पाठशाला, स्कूल

इन्हें भी जानिए—

शब्द		पर्याय
आकाश	—	आसमान, गगन
धरती	—	पृथ्वी, भूमि
बेटी	—	पुत्री, सुता
पानी	—	जल, नीर
आग	—	अग्नि, अनल
संसार	—	जगत, दुनिया

शब्द		पर्याय
बेटा	—	पुत्र, सुत
हवा	—	वायु, पवन
मित्र	—	दोस्त, साथी
सुबह	—	सवेरा, प्रातः
पत्र	—	चिट्ठी, खत
खुशी	—	प्रसन्नता, हर्ष

हमने जाना

समान अर्थ वाले शब्दों को पर्यायवाची या समानार्थी शब्द कहते हैं।

समझ की बात

1. समूह से अलग शब्द पर घेरा लगाइए—

(क) पेड़	पुष्प	वृक्ष	तरु
(ख) कुसुम	फूल	टहनी	सुमन
(ग) वायु	विद्या	हवा	पवन

भाषिक कौशल

2. दो-दो पर्यायवाची शब्द लिखिए—

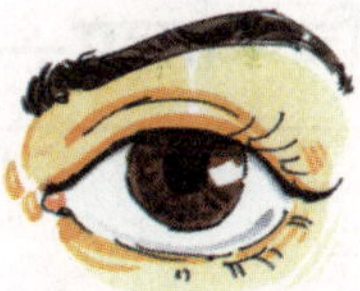

....

....

3. **पर्यायवाची शब्दों को रेखा खींचकर मिलाइए—**

बेटी	पुत्र
भूमि	दोस्त
पानी	पुत्री
बेटा	धरती
मित्र	जल

4. **बूझो तो जानें। इनके पर्यायवाची शब्द लिखिए—**

(क) खुशी .... (ख) हवा .... (ग) हाथी ....

(घ) सुबह .... (ङ) संसार .... (च) बारिश ....

भाषिक कौशल

5. **इनके लिए दो-दो पर्याय लिखिए—**

....

....

....

....

....

....

गतिविधि

इन पर्यायवाची शब्दों के चित्र बनाइए या काटकर चिपकाइए—

पैर, पाँव	मेघ, घन	माँ, माता	पहाड़, पर्वत

उलटा तो विलोम (Antonyms)

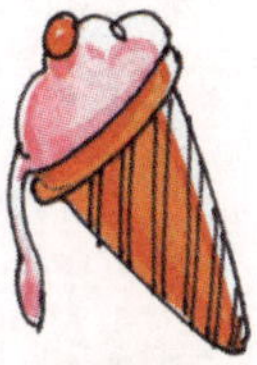

ठंडा

गर्म

बड़ा

छोटा

मोटा

पतला

ऊपर नीचे

आइसक्रीम है **ठंडी** और चाय है **गर्म**।

एक बिल्ली बैठी **ऊपर** और एक **नीचे** करे इंतजार।

आपको क्या अच्छा लगता है—आइसक्रीम या चाय?

आप कहेंगे—**गर्मियों** में ठंडा और **सर्दियों** में गर्म।

ठंडा और गर्म एक दूसरे के उलटे अर्थ वाले शब्द हैं। इन्हें **विलोम** कहते हैं, जैसे—बड़ा और छोटा, मोटा और पतला, सर्दी और गर्मी।

आइए, कुछ और विलोम शब्द जानें—

गर्मी

सर्दी

साफ़

गंदा

अंदर

बाहर

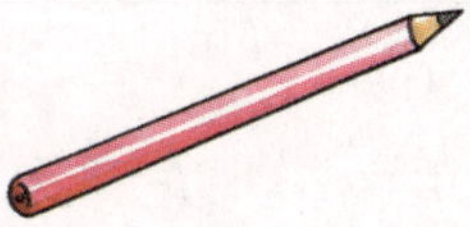

लंबी

छोटी

हँसना

रोना

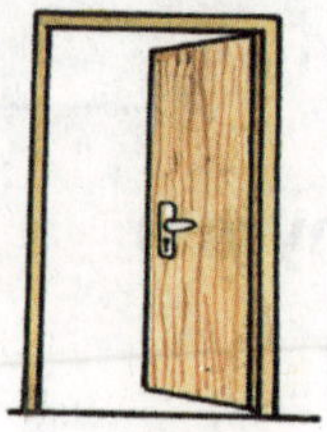

खुला

बंद

इन्हें भी जानिए—

शब्द		विलोम
सुबह	≠	शाम
झूठ	≠	सच
आगे	≠	पीछे
कच्चा	≠	पक्का
खुशबू	≠	बदबू
हार	≠	जीत
अँधेरा	≠	उजाला
ऊँचा	≠	नीचा

शब्द		विलोम
गीला	≠	सूखा
प्रश्न	≠	उत्तर
दूर	≠	पास
सुख	≠	दुख
आना	≠	जाना
भारी	≠	हलका
नया	≠	पुराना
अच्छा	≠	बुरा

भाषिक कौशल

आपके घर में ऐसी कौन-कौन-सी वस्तुएँ हैं ? उनके नाम लिखिए—

भारी	हलकी	गीली	सूखी
....	....	....	....
....	....	....	....
....	....	....	....

हमने जाना—

एक-दूसरे से उलटा अर्थ देने वाले शब्दों को विलोम शब्द कहते हैं।

समझ की बात

1. विलोम शब्द छाँटकर लिखिए—

अनेक बाहर पुराना पास

(क)  

अंदर ....

(ग)  

दूर ....

(ख)  

एक ....

(घ)  

नया ....

2. सही विलोम शब्द पर घेरा लगाइए—

(क) छोटा	—	ऊँचा	मोटा	बड़ा
(ख) धरती	—	चाँद	आसमान	सूरज
(ग) सुबह	—	रात	अँधेरा	शाम
(घ) ऊपर	—	सीढ़ी	चढ़	नीचे
(ङ) ठंडा	—	शीतल	गर्म	शरबत

3. विलोम शब्दों को मिलाइए—

झूठ	आलसी
कच्चा	बदबू
प्रश्न	सच
मेहनती	पक्का
दूर	उत्तर
खुशबू	पास

समूह वाले शब्द (Group words)

ऊपर की बातचीत में भीड़, झुंड और गुच्छा शब्द समूह के लिए आए हैं—

लोगों की **भीड़**

बंदरों का **झुंड**

चाबियों का **गुच्छा**

ऐसे शब्दों को समूह शब्द कहते हैं।

अन्य उदाहरण देखें और समझें—

फूल

फूलों का गुलदस्ता

आदमी

आदमियों की भीड़

ऊँट

ऊँटों का कारवाँ

हाथी

हाथियों का झुंड

ये समूह शब्द भी जानिए—

पुलिस का → दस्ता

यात्रियों का → जत्था

भेड़ों का → रेवड़

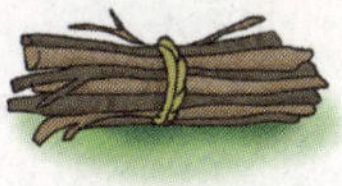

लकड़ियों का → गट्ठर

डाकुओं का → गिरोह

केले का → हत्था

सैनिकों की → टुकड़ी

हमने जाना

वस्तुओं या व्यक्तियों के समूह के विशेष नाम को समूह शब्द कहते हैं, जैसे—भीड़, झुंड, गुच्छा आदि।

समझ की बात

1. **चित्र देखकर सही समूह शब्द पर ✓ लगाइए—**

कारवाँ/ढेर

भीड़/रेवड़

गुच्छा/गट्ठर

2. **नज़र दौड़ाइए और बताइए कि कौन-से समूह शब्द आपके आस-पास हैं—**

....

वाक्यांश के लिए एक शब्द (One word substitution)

नानी ने तान्या को बताया कि चिट्ठी बाँटने वाले को **डाकिया** कहते हैं।

चिट्ठी बाँटने वाला = डाकिया

कई शब्दों की जगह हम एक शब्द का भी प्रयोग कर सकते हैं। इस एक शब्द से भी बात स्पष्ट हो जाती है।

वाक्यांश के लिए एक शब्द भाषा को प्रभावशाली बनाते हैं।

आइए, ऐसे ही कुछ शब्दों के बारे में जानें—

इलाज करने वाला — डॉक्टर

कक्षा में पढ़ाने वाली — शिक्षिका

गाना गाने वाला — गायक

नृत्य करने वाली — नर्तकी

कपड़े धोने वाला — धोबी

कपड़े सिलने वाला — दर्ज़ी

पेड़-पौधों की देखभाल करने वाला — माली

खेती करने वाला — किसान

बर्तन बनाने वाला — कुम्हार

अपने घर के पास इन लोगों के नाम पूछकर लिखिए—

डॉक्टर .... शिक्षक ....

माली .... दर्ज़ी ....

समूह में इन लोगों का अभिनय भी कीजिए।

हमने जाना

वाक्यांश के लिए एक शब्द का प्रयोग भाषा को प्रभावशाली बनाता है।

समझ की बात

1. **चित्र देखकर बताइए कि आप इन्हें क्या कहेंगे?**

....

2. **मिलान कीजिए—**

जो मांस खाता है	अभिनेता
जो खेलता है	दर्शक
कक्षा में पढ़ाने वाला	मांसाहारी
अभिनय करने वाला	खिलाड़ी
जो देखता है	शिक्षक

3. **रेखांकित के लिए एक शब्द चुनिए—**

(क) बंदर शरारत करने वाला पशु है।

(ख) दादाजी दूर की सोचने वाले व्यक्ति हैं।

(ग) हिमालय में देखने योग्य स्थान हैं।

(घ) यह पुस्तक पढ़ने लायक नहीं है।

(ङ) आपकी कहानी फ़िल्म के समान लगती है।

पठनीय फ़िल्मी

शरारती दूरदर्शी

दर्शनीय

10 मुहावरे
(Idioms)

भाषिक कौशल

ये वाक्य पढ़िए—

— चुप करो। तुमने तो आसमान सिर पर उठा लिया है।

— मेरा सिर मत खाओ।

— पिताजी ने आँख दिखाई तो मैं चुप हो गया।

— तुम्हारे पैरों में पंख लगे हैं क्या?

सोचिए—

- क्या कोई आसमान को सिर पर उठा सकता है?
- क्या सिर खाने की चीज़ है?
- आँख होगी तो दिखेगी ही! देखकर चुप क्यों हो गए?
- पैरों में पंख कैसे लगेंगे?

तो क्या ऊपर की बातें गलत हैं? नहीं। यह कहने की एक विशेष शैली है जिसे **मुहावरा** कहते हैं। मुहावरों का विशेष अर्थ होता है। मुहावरों से भाषा सुंदर हो जाती है। मुहावरे के भाव को समझना होता है, जो शब्दों के अर्थ से भिन्न होता है।

आइए, आपको मुहावरों की दुनिया में ले चलते हैं—

1. प्राण सूखना — डर जाना
   शेर को सामने देखकर रवि के **प्राण सूख** गए।
2. आँख का तारा — बहुत प्यारा
   स्नेहा अपने माता-पिता की **आँखों का तारा** है।
3. पानी-पानी होना — बहुत शर्मिंदा होना
   झूठ पकड़े जाने पर मदन **पानी-पानी हो गया**।
4. पीठ थपथपाना — शाबाशी देना
   बूढ़े आदमी की सहायता करने पर पिताजी ने मनीष की **पीठ थपथपाई**।

5. किताबी कीड़ा होना — बहुत पढ़ने वाला
रेखा तो एकदम **किताबी कीड़ा** है।

6. हाथ बँटाना — मदद करना
सुरभि घर के कामों में माँ का **हाथ बँटाती** है।

7. कमर कसना — तैयार होना
डाकुओं को पकड़ने के लिए उसने **कमर कस ली**।

8. हवा से बातें करना — बहुत तेज़ दौड़ना
मेरा घोड़ा **हवा से बातें करता** है।

9. मुँह में पानी भरना — ललचा जाना
लड्डुओं की थाली देख मेरे **मुँह में पानी** भर आया।

10. आग-बबूला होना — बहुत गुस्सा करना
कमरे में सामान को इधर-उधर पड़ा देखकर पिताजी **आग-बबूला** हो गए।

11. दाँत खट्टे करना — हरा देना
लक्ष्मीबाई ने अंग्रेज़ों के **दाँत खट्टे कर** दिए।

हमने जाना

- बात कहने की एक विशेष शैली को मुहावरा कहते हैं।
- मुहावरे भाषा को सुंदर बनाते हैं।
- मुहावरे में भाव शब्दों के अर्थ से भिन्न होता है।

समझ की बात

भाषिक कौशल

1. सही मुहावरे पर ✓ लगाइए—

(क) जब श्याम की चोरी पकड़ी गई तो—
- उसने कमर कस ली।
- वह आग-बबूला हुआ।
- वह पानी-पानी हो गया।

(ख) सोहन अपने माता-पिता का—
- किताबी कीड़ा है।
- आँखों का तारा है।
- हाथ बँटाता है।

(ग) खेलकर आने के बाद—

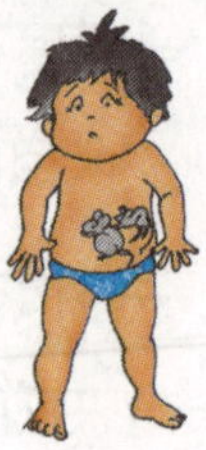

- रोहित के होश उड़ गए।
- रोहित के मुँह में पानी भर आया।
- रोहित के पेट में चूहे कूदने लगे।

2. मुहावरों से वाक्य बनाइए—

(क) आग-बबूला होना — ....

(ख) होश उड़ाना — ....

3. सही मुहावरे से वाक्य पूरे कीजिए—

कमर कसना	हवा से बातें करना	दाँत खट्टे करना

(क) भारतीयों ने दुश्मनों के ....।

(ख) मेरी गाड़ी ....।

(ग) अपने घर को साफ़ करने के लिए लता ने ....।

गतिविधि

1. चित्रों को सही मुहावरे से मिलाइए—

किताबी कीड़ा होना

होश उड़ाना

हवा से बातें करना

मुँह में पानी भर आना

2. दो समूहों में बँट जाइए। एक समूह का एक छात्र एक मुहावरे का अभिनय करेगा और दूसरे समूह के छात्र एक मिनट में उस मुहावरे को बताएँगे।

गिनती

(Counting)

11

भाषिक कौशल

हिंदी में गिनती पढ़ें और समझें—

१	एक	२१	इक्कीस	४१	इकतालीस	६१	इकसठ	८१	इक्यासी
२	दो	२२	बाईस	४२	बयालीस	६२	बासठ	८२	बयासी
३	तीन	२३	तेईस	४३	तैंतालीस	६३	तिरसठ	८३	तिरासी
४	चार	२४	चौबीस	४४	चवालीस	६४	चौंसठ	८४	चौरासी
५	पाँच	२५	पच्चीस	४५	पैंतालीस	६५	पैंसठ	८५	पचासी
६	छह	२६	छब्बीस	४६	छियालिस	६६	छियासठ	८६	छियासी
७	सात	२७	सत्ताईस	४७	सैंतालिस	६७	सड़सठ	८७	सतासी
८	आठ	२८	अट्ठाईस	४८	अड़तालीस	६८	अड़सठ	८८	अठासी
९	नौ	२९	उनतीस	४९	उनचास	६९	उनहत्तर	८९	नवासी
१०	दस	३०	तीस	५०	पचास	७०	सत्तर	९०	नब्बे
११	ग्यारह	३१	इकतीस	५१	इक्यावन	७१	इकहत्तर	९१	इक्यानवे
१२	बारह	३२	बत्तीस	५२	बावन	७२	बहत्तर	९२	बयानवे
१३	तेरह	३३	तैंतीस	५३	तिरपन	७३	तिहत्तर	९३	तिरानवे
१४	चौदह	३४	चौंतीस	५४	चौवन	७४	चौहत्तर	९४	चौरानवे
१५	पंद्रह	३५	पैंतीस	५५	पचपन	७५	पचहत्तर	९५	पचानवे
१६	सोलह	३६	छत्तीस	५६	छप्पन	७६	छिहत्तर	९६	छियानवे
१७	सत्रह	३७	सैंतीस	५७	सत्तावन	७७	सतहत्तर	९७	सतानवे
१८	अठारह	३८	अड़तीस	५८	अट्ठावन	७८	अठहत्तर	९८	अठानवे
१९	उन्नीस	३९	उनतालीस	५९	उनसठ	७९	उनासी	९९	निन्यानवे
२०	बीस	४०	चालीस	६०	साठ	८०	अस्सी	१००	सौ

12 विराम-चिह्न

(Punctuation)

इन वाक्यों को पढ़िए—

- मैं घर जा रहा हूँ।
- क्या तुम घर चलोगे?
- अरे! बारिश शुरू हो गई।

क्या तीनों वाक्यों को पढ़ने का तरीका एक जैसा है? नहीं, तीनों वाक्य तीन तरह से बोले जाएँगे। बोलते समय हम कहीं रुकते हैं तो कहीं सपाट तरीके से बोलते हैं। वाक्य लिखते समय हम जहाँ रुकते हैं, उसे एक संकेत या चिह्न से बताते हैं। इन चिह्नों को **विराम-चिह्न** कहते हैं।

कुछ मुख्य विराम-चिह्न—

- वाक्य के अंत में लिखते हैं—(।) **पूर्ण विराम**
- प्रश्न पूछने पर वाक्य के अंत में लिखते हैं—(?) **प्रश्नवाचक चिह्न**
- हैरानी, खुशी, घृणा आदि भावों को प्रकट करने के लिए लिखते हैं—(!) **विस्मयादिबोधक चिह्न**

भाषिक कौशल

विराम-चिह्नों के कुछ उदाहरण पढ़िए—

रुचि — मेरे दाँत में दर्द है।

डॉक्टर — मुँह खोलो। अरे! इसमें तो कीड़ा है।

रुचि — ओह! अब क्या करना होगा?

डॉक्टर — क्या तुम रात को ब्रश करती हो?

रुचि — नहीं, डॉक्टर अंकल।

डॉक्टर — हूँ! सोने से पहले ब्रश किया करो।

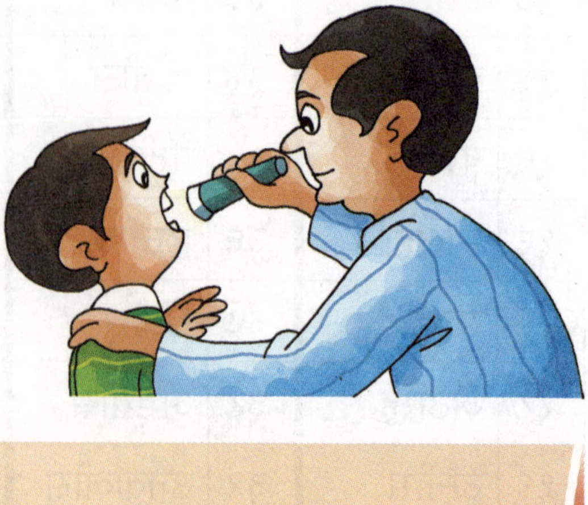

हमने जाना

वाक्य में रुकने के संकेतों को विराम-चिह्न कहते हैं।

समझ की बात

1. वाक्यों में उचित विराम-चिह्न छाँटकर लगाइए—

। ? !

(क) कहाँ जा रहे हो

(ख) शाबाश तुमने अच्छा काम किया

(ग) कल बाज़ार जाएँगे

(घ) वाह मज़ेदार कहानी सुनेंगे

(ङ) गुब्बारे हवा में उड़ने लगे

भाषिक कौशल

2. नीचे लिखे वाक्यों में सही विराम-चिह्न लगाइए—

भोजन की घंटी बज गई सारे बच्चे अपना टिफ़िन बॉक्स खोलकर खाने लगे लेकिन मंजूषा उदास-सी बैठी थी कविता ने पूछा—क्या तुम खाना नहीं लाई हो मंजूषा ने कहा—नहीं कविता ने कहा—हम-तुम मिलकर खाना खाते हैं मंजूषा खाना खाते हुए बोली—वाह आलू की सब्ज़ी तो बड़ी चटपटी है शिक्षिका यह सब देख रही थी उन्होंने कविता से कहा—शाबाश तुम दूसरों का बहुत ध्यान रखती हो

13 श्रुतभाव ग्रहण

(Listening comprehension)

भाषिक कौशल

नीचे दी गई कहानी को सुनिए—

एक दिन की बात है। चंदन वन में बहुत गर्मी पड़ी। सरोवर सूखने लगा। सरोवर में एक कछुआ रहता था। वह भी परेशान हो गया। सरोवर के पास दो हंस भी रहते थे। हंसों ने सोचा अब कहीं दूसरी जगह चलते हैं, जहाँ हमें पानी मिल सके।

एक हंस ने कहा, ''हम नंदन वन की तरफ़ चलते हैं।'' दूसरे हंस ने कहा, ''हाँ। लेकिन इस कछुए का क्या होगा?''

''यह बेचारा तो मर जाएगा।''

''इसे भी साथ ले चलते हैं।''

''मगर कैसे?''

दोनों हंसों ने एक डंडी ली, किनारों से उसे पकड़ा और कछुए ने बीच में मुँह से पकड़ ली। लोगों को हँसता देखकर कछुआ भी हँसने लगा। उसका मुँह खुला। डंडी छूट गई और वह गिर पड़ा।

भाषिक कौशल

अब नीचे दिए प्रश्नों में सही उत्तर पर ✓ लगाइए—

1. सरोवर कैसे सूख गया?

- गर्मी से ☐
- पानी पीने से ☐
- सिंचाई से ☐

2. सरोवर में कौन रहता था?

- मछली ☐
- मेंढक ☐
- कछुआ ☐

शिक्षक बच्चों को कहानी धीरे-धीरे दो बार सुनाएँ फिर प्रश्न पूछें।

3. **हंस कहाँ जाना चाहते थे ?**

- नंदन वन में ☐
- चंदन वन में ☐
- मंगल वन में ☐

4. **हंस क्यों जाना चाहते थे ?**

- सैर करने के लिए ☐
- वहाँ पानी सूखने लगा था ☐
- कछुए ने कहा था ☐

5. **हंस किसको साथ ले गए ?**

- मछली को ☐
- केकड़े को ☐
- कछुए को ☐

6. **कछुआ क्यों गिर पड़ा ?**

- तेज़ हवा से ☐
- डंडी टूटने के कारण ☐
- हँसने के कारण ☐

7. **हंस कछुए को नंदन वन कैसे ले गए ?**

....

....

....

8. **इस कहानी का कोई एक शीर्षक बताइए।**

....

गतिविधि

यह भी सुनिए और बताइए—

राजू ने बताया कि उसने सपने में क्या देखा—

कल सपने में मैंने देखा
मैं पतंग के ऊपर बैठा।
सर-सर-सर उड़ी पतंग
देख-देख दुनिया थी दंग!
आसमान से नीचे देखा
क्या बतलाऊँ क्या-क्या देखा!

अब नीचे दिए प्रश्नों में सही ✓ उत्तर पर लगाइए—

1. राजू ने सपने में क्या देखा ?

- वह पतंग उड़ा रहा है ☐
- वह पतंग पर बैठा है ☐
- ढेर सारी पतंगें ☐

2. पतंग कैसे उड़ रही थी ?

- फर-फर-फर ☐
- चर्र-चर्र-चर्र ☐
- सर-सर-सर ☐

3. दंग होने का क्या मतलब है ?

- परेशान होना ☐
- हैरान होना ☐
- जलन होना ☐

4. दुनिया क्या देखकर दंग थी ?

- राजू पतंग उड़ा रहा है ☐
- राजू की पतंग सबसे ऊपर उड़ रही है ☐
- राजू पतंग के ऊपर बैठा है ☐

5. खाली स्थान भरिए—

(क) राजू ने .... से .... देखा। (ऊपर/नीचे/आसमान)

(ख) राजू ने .... देखा। (शेर/सपना/खिलौना)

6. राजू ने आसमान में क्या-क्या देखा होगा ? सोचकर बताइए—

....

....

....

7. कविता के लिए एक शीर्षक बताइए—

....

वर्णन करना
(मौखिक और लिखित)
(Description)

14

भाषिक कौशल

चित्र को देखिए। इसमें क्या-क्या हो रहा है ? बोलकर बताइए—

इस वर्णन को भी पढ़िए—

बहुत तेज़ वर्षा हो रही है। नदी में पानी बढ़ गया। जिराफ़ ने अपनी पीठ पर बंदर, चूहे, खरगोश और चूज़ों को बिठाया। फिर सबको नदी पार कराने लगा। नदी में बतख, मेंढक भी तैरने लगे। सभी पानी से बचने की जगह खोज रहे हैं। वर्षा से पेड़ के पत्ते और घास धुल गए हैं।

बताइए, आपके वर्णन में और इस वर्णन में क्या अंतर है ?

चित्र का वर्णन कीजिए—

....

....

....

....

....

....

....

....

....

....

....

....

....

बच्चों को चित्र में दिखाई देने वाली वस्तुओं के बारे में पूछिए। फिर चित्र वर्णन करने में मदद कीजिए।

भाषिक कौशल

समझ की बात

1. नीचे दिए गए चित्रों का मौखिक वर्णन कीजिए। फिर उसके बारे में पाँच वाक्य लिखिए—

(क)

....

....

....

....

....

....

(ख) ....

....

....

....

....

....

....

भाषिक कौशल

2. स्कूल या घर में आपके साथ कोई न कोई मज़ेदार घटना घटी होगी। उसके बारे में बताइए।

3. आप घर से स्कूल जाते समय रास्ते में क्या-क्या देखते हैं ? उसके बारे में बताइए।

15 बातचीत/वार्तालाप

(Dialogue)

सुलेखा बीमार थी। वह दो दिन से स्कूल नहीं जा रही थी। सुलेखा स्कूल क्यों नहीं आ रही? यह जानने के लिए उसकी सहेली निशा ने उसे फ़ोन किया। फ़ोन पर दोनों के बीच क्या बातचीत हुई होगी?

भाषिक कौशल

इस बातचीत को बोलिए और आगे की बातचीत लिखिए—

निशा — हैलो!

सुलेखा — हैलो!

निशा — मैं निशा बोल रही हूँ।

सुलेखा — अरे निशा तुम! तुमने इतने दिन बाद फ़ोन किया।

निशा — हाँ, तुम तीन दिन से स्कूल क्यों नहीं आई?

सुलेखा — मुझे बुखार हो गया था।

निशा — अब कैसी हो?

सुलेखा — ....

निशा — ....

सुलेखा — ....

निशा — ....

भाषिक कौशल

इन स्थितियों में आप कैसे बातचीत करेंगे? अपने साथी के साथ अभिनय करके बताइए—

1. अपने दोस्तों को खेलने के लिए इकट्ठा करना।

   ....

   ....

....

....

....

....

....

....

....

2. दुकान से सामान खरीदना।

....

....

....

....

....

....

....

....

3. खिलौना टूटने पर माँ–पिताजी को बताना।

....

....

....

....

....

....

....

....

16 संदेश/सूचना देना

(Message)

भाषिक कौशल

माँ बाज़ार गई थी। तभी फ़ोन की घंटी बजी–ट्रिन! ट्रिन? नन्हीं श्रेया ने फ़ोन उठाया। रीमा आंटी का फ़ोन था। वे मम्मी से कुछ ज़रूरी बात करना चाहती थीं। मैं कहीं भूल न जाऊँ—यह सोचकर श्रेया ने एक पर्ची पर **संदेश** लिखा। कभी-कभी घर में भी हमें संदेश लिखना पड़ता है।

> *रीमा आंटी का फ़ोन आया था उन्हें कुछ ज़रूरी बात करनी थी। आप उन्हें फ़ोन कर लें।*
>
> *—श्रेया*

तरह-तरह के संदेश/सूचनाएँ पढ़िए—

> *पलंग के नीचे मुझे आपका काला पेन मिला। मेज़ पर रखा है।*
>
> *—उदय*

> *नानीजी बीमार हैं। मैं अस्पताल जा रही हूँ। खाना खा लेना।*
>
> *—माँ*

> *दिनांक 15-03-11 को स्कूल बंद रहेगा।*
>
> *—प्रधानाचार्य*

> *टेलीफ़ोन खराब है। ठीक करवाना है।*
>
> *— पंकज*

> *मेरी नीली डायरी खो गई है। जिसे मिले वह मुझे बता दें।*
>
> *—प्राची*
>
> III-A

अब आप निर्देशानुसार संदेश लिखिए—

1. आपकी किताब खो गई है।

2. मित्र को नए साल की पार्टी पर बुलाना।

3. पुराना बस्ता फट गया है। नया बस्ता खरीदने का अनुरोध।

4. बहन को जन्मदिन की बधाई देना।

5. आपका पिल्ला खो गया है।

17 परिचय लेना-देना

(Introduction)

इस परिचय का लेन-देन पढ़िए—

आलू आज ही अपने साथी आलुओं के साथ बाज़ार से आया है। रसोईघर में थाली को देखकर उसके बारे में जानना चाहा—

आलू — तुम्हारा क्या नाम है?

थाली — मेरा नाम थाली है। तुम्हारा क्या नाम है?

आलू — मैं आलू हूँ। मैं गोल-सा हूँ।

थाली — मैं भी गोल हूँ। तुम कहाँ रहते हो?

आलू — मेरे कई घर हैं—खेत, बाज़ार, रसोईघर।

थाली — मुझे अपना यह रसोईघर बहुत पसंद है और तुम्हें?

आलू — मुझे तो खेत पसंद है। मैं वहाँ मिट्टी के नीचे दिनभर आराम करता हूँ।

थाली — तुम्हें पता है, मुझे तुम्हारे पराँठे बहुत पसंद हैं।

आलू — क्या? मेरे पराँठे?

थाली — हाँ भई! आलू के पराँठे।

भाषिक कौशल

एक परिचय ऐसा भी—

यह तितली है। यह बहुत सुंदर है। इसके पंख रंग-बिरंगे हैं। यह फूलों पर मंडराती रहती है। इसे बगीचे की सैर करना बहुत अच्छा लगता है।

मैं घड़ी हूँ। टिक-टिक करती रहती हूँ। मैं सही समय बताती हूँ। मेरे पास तीन सुइयाँ हैं। एक घंटे की, दूसरी मिनट की और तीसरी सेकेंड की। कुछ लोग मुझे दीवार पर टाँगते हैं तो कुछ मेज़ पर रखते हैं। मैं तुम्हें अलार्म बजाकर सुबह उठाती हूँ। हूँ न काम की चीज़!

गतिविधि

इसका परिचय आप दीजिए—

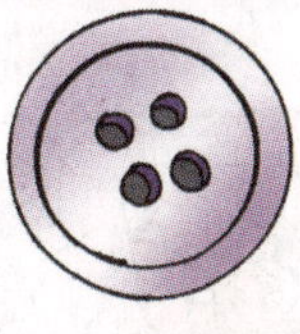

यह बटन है। ....

....

....

भाषिक कौशल

समझ की बात

1. अपने/अपनी मित्र का परिचय दीजिए। उसकी एक फ़ोटो भी चिपकाइए या चित्र बनाइए—

....

....

....

....

....

2. मान लीजिए आप बस हैं। अपना परिचय दीजिए। बस का चित्र बनाइए या काटकर चिपकाइए—

....

....

....

....

....

18 पत्र-लेखन

(Letter writing)

भाषिक कौशल

डाकिया डाक लाया, डाक लाया!

डाकिया बिंदिया की चिट्ठी लेकर आया। चाची जी ने चिट्ठी पढ़ी।

अब आप भी पढ़िए—

16/2 शंकर कॉलोनी
रामनगर, दिल्ली–110055

19–02–10

आदरणीय चाची जी

नमस्ते

आप जानती हैं कल क्या हुआ? कल मेरी क्लास में एक छोटा-सा पिल्ला आ गया। एकदम गोल-मटोल रूई के गोले जैसा। सारे बच्चे उसे पकड़ने लगे। वह डर गया और मेरे पैरों के पास आकर बैठ गया। मैंने उसे पुचकारा। उसकी पीठ सहलाई। खाने को बिस्कुट भी दिया। फिर मैं पिल्ले को उसकी माँ के पास छोड़ आई। अच्छा किया न मैंने! अब हम भी एक पिल्ला पालेंगे।

चाचा जी को नमस्ते।

आपकी भतीजी
बिंदिया।

पत्र लिखते समय इन बातों का ध्यान रखें—

- पूरा पत्र बाईं तरफ़ से ही शुरू होगा
- सबसे ऊपर अपना पता लिखिए
- फिर पत्र लिखने की तारीख लिखिए

- जिसे पत्र लिखा जा रहा है, उसके लिए संबोधन
- फिर अभिवादन
- पत्र में जो कुछ कहना है, वह बात/वे बातें
- पत्र पाने वाले के साथ अपना संबंध
- अंत में अपना नाम
- पत्र भेजने वाले लिफ़ाफ़े पर पत्र पाने वाले का नाम और पता

भाषिक कौशल

एक चिट्ठी ऐसी भी पढ़िए और समझिए—

अपना पता	125, गोमती नगर लखनऊ
पत्र लिखने की तारीख	06-01-11
पत्र पाने वाले के लिए संबोधन	प्रिय भावना
अभिवादन	नमस्ते
पत्र का विषय	तुम कैसी हो? 15 फरवरी को मेरा जन्मदिन है। तुम्हें ज़रूर आना है। अंकल, आंटी और रोहित को भी साथ लाना। तुम्हारे आने पर ही हम केक काटेंगे। सुलेखा, टीना, अमित, काजल भी आएँगे। हम सब मिलकर खूब मज़ा करेंगे। मेरे जन्मदिन पर ज़रूर आना। अंकल, आंटी को नमस्ते और रोहित को प्यार।
पत्र पाने वाले के साथ संबंध	तुम्हारी सहेली
अपना नाम	अंजलि

भाषिक कौशल

अब आप लिखिए—

1. आपने अपना जन्मदिन कैसे मनाया ? पत्र लिखकर अपनी मौसी को बताइए—

....

....

आदरणीय मौसी जी,

सादर प्रणाम।

....

....

आपकी

....

2. अपने परीक्षा परिणाम के बारे में बताते हुए मामा जी को पत्र लिखिए—

सी–765 हर्ष विहार

इलाहाबाद

8–2–10

आदरणीय ....

....

....

....

....

....

गतिविधि

पत्रों की दुनिया—

1. अपने भाई को पत्र लिखकर बताइए कि आपको चित्रकला में प्रथम पुरस्कार मिला है।
2. नानी जी का हाल–चाल पूछने के लिए उन्हें पत्र लिखिए।
3. आपने गर्मियों की छुट्टियाँ कैसे बिताई ? यह बताते हुए अपने/अपनी मित्र को पत्र लिखिए।

कहानी-लेखन

(Story writing)

19

एक दिन की बात है। बतख के पाँच बच्चे थे। वे सब घूमने निकले। आगे-आगे बतख पीछे-पीछे बच्चे। बच्चे ऊपर पेड़ को देख रहे थे। पेड़ पर शहद का छत्ता लगा हुआ था। वे ऊपर देखकर चलते

जा रहे थे। आगे एक पाइप आया। उन्होंने पाइप देखा नहीं। वे उसके अंदर घुस गए। जब वे बाहर आए तो एकदम काले। बतख उन्हें पहचान ही नहीं पाई। वह रोने लगी—'मेरे बच्चे कहाँ चले गए?' आगे एक तालाब आया। बच्चे तालाब में गए और उनका काला रंग धुल गया। वे तालाब से बाहर आ गए। बतख ने देखा तो वह खुशी से चिल्लाई—'मेरे बच्चे मिल गए, मेरे प्यारे बच्चे!' वे सब फिर सैर करने चल दिए। आगे-आगे बतख, पीछे-पीछे बच्चे।

कैसी लगी कहानी? आप भी ऐसी ही मज़ेदार कहानियाँ बना सकते हैं। दिए गए चित्रों के आधार पर कहानी बनाइए—

सलोनी घर जा रही थी। अचानक ज़ोर की .... शुरू ....। उसने अपना .... खोला। उसके साथ उसका छोटा .... भी था। वह भी ....। सड़क के किनारे .... भी। उसमें छोटे-बड़े कई ....। मेंढक टर्राने लगे। चिड़िया के .... भी फुर्र से ....। मगर फिर नीचे .... गए। वे अभी बहुत ....। सलोनी ने .... दोनों .... को उठाया और अपने साथ .... ले गई।

चित्रों के आधार पर कहानी लिखिए—

व्याकरण शब्दावली

(Grammar Glossary)

भाषा	मन के भाव बोल-बतियाती या लिखकर समझाती भाषा॥
वर्ण	मुँह से जो ध्वनि आती है वर्ण वही कहलाती है॥
वर्तनी	वर्णों से जब बनते शब्द तब वर्तनी कहलाती है॥
शब्द	वर्णों से मिल बनते शब्द सदा कुछ-न-कुछ देते अर्थ॥
संज्ञा	जो है नाम वही संज्ञा—जाति, व्यक्ति और भाव तीनों को पहचानिए—नदी, गंगा का बहाव॥
लिंग	नर या नारी लिंग से जानें पुल्लिंग, स्त्रीलिंग पहचानें॥
वचन	वचन बताता एक-अनेक इसके हैं ये ही दो भेद॥
सर्वनाम	नाम के बदले आते हैं हम सर्वनाम कहलाते हैं हम॥
विशेषण	नामों की जो हो विशेषता वही विशेषण हमें है पता॥
क्रिया	क्रिया नाम के काम बताती करना या होना दिखलाती॥
वाक्य	मेरी, तेरी, उसकी बात वाक्य बताता पूरी बात॥
विराम-चिह्न	विराम-पूर्ण (।) या अल्प (,) प्रश्न (?) या विस्मयबोधक (!) विराम-चिह्न हैं ऐसी ही बातों के सूचक॥
पर्याय	मिलता-जुलता अर्थ बताते हैं पर्याय सूरज, सूर्य; चाँद, चंद्रमा; धेनु, गौ, गाय॥
विलोम	उलटा अर्थ बताते हैं तब विलोम हो जाते हैं दिन में गर्मी, रात में ठंड, गुण-अवगुण, राजा या रंक॥
मुहावरा	जड़े वाक्य में वे मुहावरे हैं कहलाते देकर अर्थ विशेष बात में जान डालते॥
पत्र	कुशल-क्षेम या मन की बातें या कोई संदेश लिखकर पत्र भेज देते हैं निकट, दूर, परदेश॥

साँप-सीढ़ी खेलने के लिए एक 'डाइस' और चार-पाँच गोटियाँ/बटन लो। सही उत्तर देने पर सीढ़ी चढ़ो।

वर्कशीट-1

कुल अंक 20

1. ✓ का निशान लगाइए— (2)

(क) भाषा का मौखिक रूप है—

- किताब ☐
- बातचीत ☐
- चिट्ठी ☐

(ख) भाषा का लिखित रूप है—

- भाषण देना ☐
- कहानी कहना ☐
- अखबार पढ़ना ☐

2. सही मात्रा लगाकर शब्द पूरे कीजिए— (2)

.....ततली   छतर.....

3. चित्रों के नाम लिखिए— (2)

....

4. इन वर्णों से कोई तीन शब्द बनाइए— (4)

कि   ता   ला   ब

....

5. **सही शब्द से वाक्य पूरे कीजिए—** (3)

नानी लड्डू चूहा

(क) राधिका को .... चाहिए।

(ख) .... ने कहानी सुनाई।

(ग) .... बिल में घुस गया।

6. **चित्र देखकर तीन-चार वाक्य लिखिए—** (3)

....

....

....

....

....

....

7. **पढ़कर सही जबाब पर ✓ लगाइए—** (4)

तितली फूल पर बैठी थी। तभी ज़ोर की हवा चली। तितली दूसरे फूल पर जा गिरी। फूल ने कहा, ''ज़रा ध्यान से।'' तितली ने कहा, ''डरो मत। आओ दोस्ती करें।'' फिर दोनों दोस्त बन गए।

(क) तितली कहाँ, बैठी थी?

- घास पर ☐
- पेड़ पर ☐
- फूल पर ☐

(ख) दूसरे फूल ने क्या कहा?

- बहुत धीरे से ☐
- ज़रा ध्यान से ☐
- थोड़ा संभल के ☐

(ग) किसने कहा —'डरो मत'?

- तितली ने ☐
- फूल ने ☐
- हवा ने ☐

(घ) कौन-कौन दोस्त बन गए?

- तितली और हवा ☐
- हवा और फूल ☐
- फूल और तितली ☐

वर्कशीट-2

कुल अंक 20

1. सर्वनाम शब्द पर घेरा लगाइए— **(2)**

(क) चलना उसका सुख मीठा

(ख) देर घर मैंने सुंदर

2. सही सर्वनाम शब्द से वाक्य पूरे कीजिए— **(2)**

(क) कल .... बहन आएगी। (मेरे/मेरा/मेरी)

(ख) मैने .... लिए हलवा बनाया है। (तुमसे/तुम्हारे/तुझे)

3. मिलान कीजिए— **(2)**

लेखक	लड़की
सेठ	हथिनी
लड़का	लेखिका
हाथी	सेठानी

4. सही वचन वाला शब्द लिखिए— **(4)**

....

....

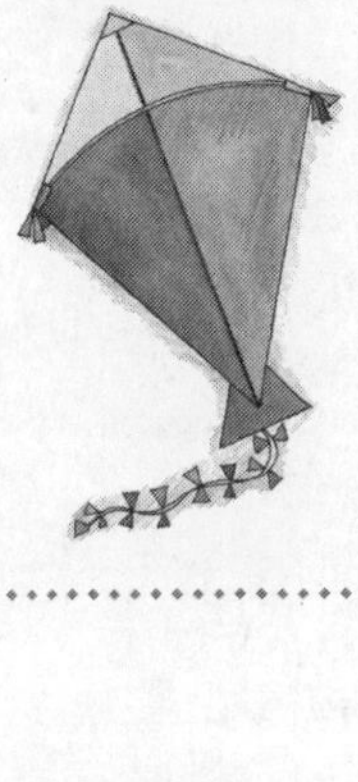

....

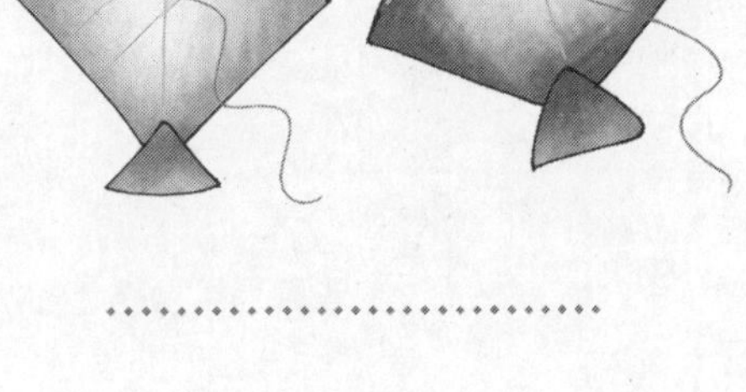

....

5. **सही बहुवचन वाले शब्द पर ✓ का निशान लगाइए—** (2)

(क) तितली

- तितलीयाँ ☐
- तितलियाँ ☐
- तितली ☐

(ख) माला

- माले ☐
- मालायाँ ☐
- मालाएँ ☐

6. **सही वचन वाले रूप से वाक्य पूरे कीजिए—** (2)

(क) दादी ने दो .... सुनाईं। (कहानी/कहानियाँ)

(ख) .... खेल रहा था। (बच्चा/बच्चे)

7. **चित्र को देखकर संवाद लिखिए—** (4)

संध्या — माँ, मेरी सहेली रानी से मिलो।

माँ — कितनी प्यारी बच्ची है!

संध्या — ....

रानी — ....

माँ — ....

संध्या — ....

....

....

....

....

....

8. **आपकी किताब खो गई है। एक सूचना लिखिए—** (2)

....

....

....

वर्कशीट-3

कुल अंक 20

1. इनके लिए सही विशेषण लिखिए— (2)

(क)  = ...

(ख)  = ...

2. सही विशेषण से वाक्य पूरे कीजिए— (3)

(क) आम .... हैं। (मीठा/मीठे/खट्टा)

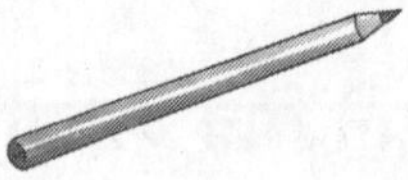

(ख) मेरे पास .... पेंसिल है। (लंबा/लंबी/लंबे)

(ग) डिब्बा .... है। (छोटा/छोटी/छोटे)

3. क्रिया शब्द पर ✓ का निशान लगाइए— (2)

(क) झोंपड़ी	☐	हँसना	☐	बूँदें	☐
(ख) चोटी	☐	पानी	☐	पढ़ना	☐

4. चित्र देखकर क्रिया शब्द लिखिए— (3)

....

5. दो-दो समानार्थी शब्द लिखिए— (4)

= ....

= ....

6. विलोम शब्दों का मिलान कीजिए— (2)

नया	हँसना
मेहनती	दिन
रात	पुराना
रोना	आलसी

7. अपने मित्र का परिचय देते हुए चार वाक्य लिखिए— (4)

....

....

....

....

....

....

....

....

वर्कशीट-4

पूर्णांक : 20

1. ✓ का निशान लगाइए— (2)

(क) जो चित्र बनाता है—

- चित्रकला ☐
- चित्रकार ☐
- कलाकार ☐

(ख) जो चिट्ठियाँ बाँटता है—

- डाकिया ☐
- संदेशवाहक ☐
- डाकघर ☐

2. सही शब्द से वाक्य पूरे कीजिए— (2)

(क) बीमार नेहा को .... देखने आया। (कुम्हार/डॉक्टर/बढ़ई)

(ख) .... ने सुंदर घड़े बनाए (दुकानदार/किसान/कुम्हार)

3. इन समूहों के नाम लिखिए— (3)

....

4. सही मुहावरे से वाक्य पूरे कीजिए— (3)

मुँह में पानी आना   हाथ बँटाना   पीठ थपथपाना

(क) सुशील घर के काम में .... है।

(ख) समोसे देखकर मेरे ....।

(ग) रोज़ पौधों को पानी देने पर पिताजी ने मेरी ....।

5. **सही विराम-चिह्न लगाइए—** **(3)**

(क) आप कहाँ रहते हैं

(ख) वाह मज़ा आ गया

(ग) चिड़िया उड़ गई

6. **अपने जन्मदिन पर बुलाने के लिए अपने मित्र को पत्र लिखिए—** **(4)**

25/6 रायपुर

भोपाल

....

....

....

....

....

....

....

....

....

7. **'पेड़' के बारे में तीन वाक्य लिखिए—** **(3)**

....

....

....

....

....

....